BRAUTIGAN

**Prosa**

RICHARD BRAUTIGAN, geboren 1935, lebte in San Francisco. Er starb 1984 in Bolinas. Außer diesem Buch veröffentlichte er (amerikanische Ausgaben, ältere deutsche Ausgaben, Werkausgabe im Eichborn Verlag):

Trout Fishing in America, 1967 (Forellenfischen in Amerika, 1971, Neuausgabe in der Übersetzung von Günter Ohnemus 1987, Eichborn Verlag);

A Confederate General from Big Sur, 1964 (Ein konföderierter General aus Big Sur, 1979);

The Abortion: An Historical Romance 1966, 1970 (Die Abtreibung, Eine historische Romanze 1966, 1978, Neuausgabe 1984, Eichborn Verlag);

In Watermelon Sugar, 1968 (In Wassermelonen Zucker, 1970);

Revenge of the Lawn, 1971 (Die Rache des Rasens, 1978);

The Hawkline Monster: A Gothic Western, 1974 (Das Hawkline Monster, Ein seltsamer Western, Deutsche Erstausgabe 1986, Eichborn Verlag);

Willard and His Bowling Trophies: A Perverse Mystery, 1975 (Willard und seine Bowlingtrophäen: Ein perverser Kriminalroman, 1982);

Sombrero Fallout: A Japanese Novel, 1976;

Dreaming of Babylon: A Privat Eye Novel 1942, 1977 (Träume von Babylon: Ein Detektivroman 1942, Deutsche Erstausgabe 1986, Eichborn Verlag);

The Tokyo-Montana Express, 1980 (Tokio-Montana-Express, Deutsche Erstausgabe 1987, Eichborn Verlag);

So the Wind Won't Blow It All Away, 1982.

**Gedichte**

Rommel Drives on Deep into Egypt, 1970;
Loading Mercury with a Pitchfork, 1976.

Der Verlag wird in halbjährlicher Folge bis 1991 alle Bücher Richard Brautigans in deutscher Übersetzung vorlegen.

RICHARD

# BRAUTIGAN

Japan bis zum 30. Juni
Gedichte

Aus dem Amerikanischen
von
Günter Ohnemus

Eichborn Verlag

Das Gedicht von Hasegawa Shirō
auf Seite 6 ist zuerst erschienen in
*Bungaku Kai,* Herbst 1976, und wurde ursprünglich
für die Originalausgabe von *June 30th, June 30th* von Kazuko Fujimoto Goodman aus dem Japanischen ins Englische übersetzt. Die Übersetzung in diesem Buch folgt der englischen Übersetzung Goodmans.

CIP-Titelaufnahme der Deutschen Bibliothek

**Brautigan, Richard:**
Japan bis zum 30. Juni : Gedichte / Richard Brautigan. –
Frankfurt am Main : Eichborn, 1989
ISBN 3-8218-0160-3


Titel der Originalausgabe:
June 30th, June 30th


Umschlaggestaltung: Uwe Gruhle unter Verwendung eines Aquarells von Henri Schmid. Gesamtherstellung: Fuldaer Verlagsanstalt GmbH.
ISBN 3-8218-0160-3.
Verlagsverzeichnis schickt gern:
Eichborn Verlag, Sachsenhäuser Landwehrweg 293, D-6000 Frankfurt 70

Dieses Buch ist für Shiina Takako
»meine japanische Schwester«
*Calle de Eternidad*

文學界

11 月 号

# ディキンスンのロシア語

長谷川四郎

こないだ六本木のクレードルで壁にもたれた
ブローティガンにひょっこり
会ったらぼそぼそ言ってた
エミリ・ディキンスンを
サンフランシスコの安アパートの
ラジエーターのパイプの曲りにはめこんどいたら
冬になると口笛吹いてホチーチェルイバとやるんだが
ホチーチェルイバってなんのことかな

サラトフのホテルで
朝にマクシム・ゴーリキーが目をさますと
窓際のスチームが「お魚はいかが」
――ホチーチェルイバと呼びかけるそうだ

それはよいことをきいた
とブローティガンは指を鳴らした
エミリ・ディキンスンが
ロシヤ語を話すとは知らなかったよ

## Emily Dickinsons Russisch

von Hasegawa Shirō

Kürzlich habe ich Richard Brautigan getroffen.
Er lehnte zusammengesunken an der Wand
der Cradle Bar in Roppongi.
Er murmelte:
»Weißt du, ich hab Emily Dickinson
zwischen die Rippen meiner Heizung in San Francisco
geklemmt,
und im Winter pfeift sie immer: ›Hochitse-ryba!‹
Was kann denn das heißen?«

Maxim Gorki
wurde in seinem Hotel in Saratov am Morgen
immer von der Dampfheizung aufgeweckt, die rief
*Hochitse-ryba!*
»Möchten Sie Fisch?«

»Danke für die Auskunft!«
rief Brautigan und schnippte mit den Fingern.
»Ich hab nicht gewußt, daß Emily Dickinson
Russisch konnte!«

# EINLEITUNG

## LEBWOHL, ONKEL EDWARD, UND ALLE ANDERN ONKEL EDWARDS AUCH

Mein Onkel Edward ist tot.

Er starb, als er sechsundzwanzig Jahre alt war.

Er war der Stolz meiner Familie.

Das war im Jahre 1942.

Er wurde indirekt durch das japanische Volk getötet, das Krieg gegen das Volk der Vereinigten Staaten von Amerika führte. Das ist schon lange her.

Er arbeitete als Ingenieur auf der Midway-Insel, als die Japaner am 7. Dezember 1941 die Insel angriffen. Tiefflieger schossen mit ihren Maschinengewehren und warfen Bomben. Man drückte meinem Onkel Edward ein Maschinengewehr in die Hand, damit er mithelfen konnte, die Insel zu verteidigen. Er sah eine gute Stelle, an der er das MG aufstellen konnte, und ging darauf zu. Er erreichte die Stelle nie.

Eine japanische Bombe explodierte in seiner Nähe, und ein Bombensplitter traf, wie ein Schatten, seinen Kopf. Für meinen Onkel Edward wurde alles schemenhaft und leer, und die Stelle, an der er das Maschinengewehr aufstellen wollte, rückte sehr weit weg, wurde dunkel und hatte nichts mehr mit seinem Leben zu tun.

Er wurde von Midway evakuiert und mit dem Schiff nach Hawaii gebracht, wo er monatelang bewußtlos im Koma lag. Der Bombensplitter wurde aus seinem Kopf entfernt, und Onkel Edward lag Woche um Woche ohne Bewußtsein mit einem Verband um den Kopf da, bis er endlich die Augen aufmachte und der Welt wiedergegeben wurde, aber das sollte nicht von langer Dauer sein.

Im Frühjahr 1942 erholte er sich einigermaßen von der Verwundung des 7. Dezembers, aber er starb noch im selben Jahr, während er auf einem „geheimen" Luftwaffenstützpunkt in Sitka, Alaska, arbeitete.

Während seiner Rekonvaleszenz auf Hawaii schrieb er Gedichte in der Manier von Rudyard Kipling, Robert W. Service und Omar Chajjam. Er schrieb sich auch Gedichte dieser Autoren auf, die er noch auswendig wußte. Sie waren bei seinen Sachen, die schließlich bei meiner Mutter landeten. Er war ein glänzender Ingenieur gewesen und ein ziemlicher Romantiker dazu.

Er hatte sich die Gedichte in Spiralblocks aufgeschrieben.

Ich weiß noch, daß ich sie in den Jahren gleich nach dem Krieg gelesen habe. Es war ein komisches Gefühl, diese Sachen zu lesen. Der Krieg war vorbei. Wir hatten gewonnen. Mein Onkel Edward war tot, und ich las seine Gedichte.

Als er aus dem Krankenhaus in Honolulu entlassen worden war, ging er nach San Francisco und hatte zwei Wochen lang eine Liebesgeschichte mit einer geschiedenen Frau. Das gemeinsame Band zwischen ihnen bestand, außer in offenkundiger körperlicher Lust, in einer tiefen Zuneigung zu den Gedichten Omar Chajjams, die sie immer abwechselnd deklamierten, hoffentlich nachdem sie es ganz toll und phantastisch miteinander getrieben hatten.

Ich glaube, mein Onkel Edward hatte das verdient, denn er hatte nur noch ein paar Monate zu leben. Er würde im Herbst schon nicht mehr am Leben sein. Ich würde dann in Gestalt eines siebenjährigen Jungen an seinem Sarg stehen und auf sein Gesicht hinunterstarren, das grotesk geschminkt ist, und man würde mich zwingen, den Lippenstift auf seinem toten Mund zu küssen. Ich weigerte mich und rannte schreiend durch den Gang des Leichenhauses davon, weg von seinem Sarg, seinem Tod. Der Stolz und die Zukunft unserer Familie hatte sich in dieses rougegeschminkte und lippenstiftbemalte Leichending verwandelt.

Draußen regnete es.

Es war Nacht.

Das japanische Volk hatte ihn indirekt umgebracht.

Sie hatten eine Bombe auf ihn geworfen.

Nach seiner Liebesgeschichte mit der geschiedenen Frau ging er nach Sitka, Alaska, und arbeitete dort auf dem Luftwaffenstützpunkt.

Und das führte dann zu seinem Tod.

Er trug immer noch einen Verband um den Kopf, als er auf dem Luftwaffenstützpunkt arbeitete. Er hatte sich noch nicht völlig von den Folgen des Bombensplitters erholt, aber er wollte seinem Land helfen, deshalb ging er nach Alaska.

Eines Tages wurde Bauholz auf eine Plattform geladen und mit einem Kran in den zweiten Stock eines Rohbaus hochgezogen.

Mein Onkel Edward stellte sich auf den Holzstapel und ließ sich mit hochziehen. Wahrscheinlich wollte er oben mit jemandem reden oder im Gebäude etwas überprüfen. Als die Plattform fünf Meter über dem Boden war, fiel er herunter und brach sich das Genick.

Tausende von Leuten fallen irgendwo fünf Meter herunter, und es macht ihnen nichts aus. Sie fühlen sich vielleicht ein bißchen gestaucht, aber sie sind nicht verletzt. Andere brechen sich Arme oder Beine. Mein Onkel Edward brach sich das Genick und war auf dem

Weg zu einer regnerischen Nacht in Tacoma, Washington, wo ich mich über seinen Sarg beugte und wo man von mir verlangte, daß ich meine Liebe zu ihm zeigte, indem ich den Lippenstift auf seinem toten Mund küßte. Ich weigerte mich und rannte schreiend durch den Gang des Leichenhauses davon.

Man nahm an, daß die Ursache seines Sturzes ein Schwindelgefühl war, die Nachwirkung des japanischen Bombensplitters, der in seinen Kopf eingedrungen war.

Er wurde einfach schwindlig, stürzte ab und brach sich das Genick.

Ich habe einmal ein Gedicht über den Tod meines Onkels Edward geschrieben, als ich ungefähr so alt war wie er. Das Gedicht heißt »1942«, und es geht so:

Pianobaum, spiel
in den dunkeln Konzertsälen
meines Onkels,
sechsundzwanzig Jahre alt, tot
und auf dem Weg nach Hause
auf einem Schiff aus Sitka,
sein Sarg ist
wie die Finger
Beethovens, die über
den Rand eines
Weinglases fahren.

Pianobaum, spiel
in den dunklen Konzertsälen
meines Onkels,
eine Legende meiner Kindheit, tot,
sie schicken ihn zurück
nach Tacoma.

In der Nacht ist sein Sarg
wie die Vögel,
die unter dem Meer fliegen
und nie den Himmel berühren.

Pianobaum, spiel
in den dunklen Konzertsälen
meines Onkels,
nimm sein Herz
als Geliebte
und nimm seinen Tod
als Bett, und schick ihn nach Hause
auf einem Schiff aus Sitka
damit er da begraben wird
wo ich geboren bin.

Indirekt hat ihn das japanische Volk
getötet.
Sie haben eine Bombe auf ihn geworfen.
Er hat sich nie wirklich davon erholt.
Er ist jetzt schon seit dreiundvierzig Jahren
tot.
Er war der Stolz unserer Familie.
Er war unsere Zukunft.

Alles, was ich hier gerade aufgeschrieben habe, ist ein Mythos in unserer Familiengeschichte. Fakten und Daten sind möglicherweise etwas ungenau, weil es ja schon so lange her ist und weil Fakten und Daten sich ändern. Sie ändern sich durch die Schwächen des menschlichen Gedächtnisses und durch Ausschmückung, die eine menschliche Eigenart ist, aber *eine* Sache ist völlig korrekt:

Mein Onkel Edward starb, als er Mitte zwanzig war, und er starb indirekt durch einen Bombe, die die

Japaner auf ihn warfen, und nichts in dieser Welt, nicht Macht und nicht Gebet, kann ihn uns wiedergeben.

Er ist tot.

Er ist weg. Für immer.

Das ist eine seltsame Art, ein Gedichtbuch einzuleiten, das meine große Zuneigung für die Japaner ausdrückt, aber ich mußte das schreiben, weil es Teil einer Landkarte ist, die mich nach Japan geführt hat und dazu, dieses Buch hier zu schreiben.

Ich werde jetzt noch andere Orte auf dieser Landkarte beschreiben, die mich im Frühjahr 1976 nach Japan und zu diesen Gedichten gebracht hat.

Ich haßte die Japaner den ganzen Krieg hindurch.

Sie waren für mich Untermenschen, teuflische Wesen, die vernichtet werden mußten, damit die zivilisierte Welt und Freiheit und Gerechtigkeit für alle die Oberhand behalten könnten. In Zeitungskarikaturen wurden die Japaner als Affen mit vorstehenden Zähnen dargestellt. Propaganda regt die Phantasie von Kindern an.

Ich brachte beim Kriegspielen Tausende von japanischen Soldaten um. Ich schrieb eine Kurzgeschichte mit dem Titel »Die Geisterkinder von Tacoma«, die zeigt, mit welcher Hingabe ich Japaner umbrachte, als ich sechs, sieben, acht, neun und zehn Jahre alt war. Ich war sehr gut darin. Es machte Spaß, sie umzubringen.

> Während des Zweiten Weltkriegs tötete ich persönlich 352 892 feindliche Soldaten, Verwundete gab es nicht. Kinder brauchen im Krieg sehr viel weniger Lazarette als Erwachsene. Kinder sehen die Sache mehr von der Alle-tot-keiner-lebt-Seite.

Ich erinnere mich noch an den Tag, an dem der Krieg schließlich zu Ende ging. Ich saß im Kino und schaute mir einen Dennis-Morgan-Film an. Ich glaube, es war ein Fremdenlegionärsfilm mit viel Wüste und Marschliedern, aber ich kann das nicht mehr genau sagen. Plötzlich erschien auf der Leinwand ein Stück gelbes Papier, auf das jemand mit Schreibmaschine geschrieben hatte, daß Japan soeben kapituliert habe und der II. Weltkrieg vorbei sei.

Alle Leute im Kino fingen an, zu kreischen und zu lachen und waren völlig außer sich. Wir rannten hinaus auf die Straßen, wo überall Autos hupten. Es war ein heißer Sommernachmittag. Alles war ein einziges Inferno. Leute, die sich völlig fremd waren, umarmten und küßten sich. Alle Autos hupten. Die Straßen waren von Leuten überschwemmt. Der Straßenverkehr kam zum Erliegen. Die Leute schwärmten küssend und lachend wie Ameisen durch die Straßen und krabbelten über hupende Autos, deren Insassen alle in Ekstase waren.

Was hätten wir denn sonst tun können?

Die langen Jahre des Krieges waren vorbei.

Es war aus und vorbei mit dem Krieg. Er war zu Ende.

Wir hatten diese affengesichtigen Untermenschen, die Japaner, besiegt und vernichtet. Gerechtigkeit und Zivilisation hatten über diese Kreaturen triumphiert, die in den Urwald gehörten und nicht in Städte.

Ich war zehn Jahre alt.

Und ich empfand das damals so.

Mein Onkel Edward war gerächt worden.

Sein Tod war durch die Zerstörung Japans verklärt worden.

Hiroshima und Nagasaki waren Kerzen, die stolz auf dem Geburtstagskuchen seines Opfers brannten.

Die Jahre vergingen.

Ich wurde älter.

Ich war nicht mehr zehn.

Ich war plötzlich fünfzehn, und der Krieg wurde eine Sache der Vergangenheit, verschwand in der Erinnerung, und mein Haß auf die Japaner verschwand mit ihm. Die Haßgefühle verflüchtigten sich allmählich.

Die Japaner hatten ihre Lektion gelernt, und wir als barmherzige Christenmenschen gaben ihnen nochmal eine Bewährungschance, und sie sprachen großartig darauf an.

Wir waren wie ihr Vater, und sie waren unsere kleinen Kinder, die wir streng bestraft hatten, wie sie böse waren, aber jetzt waren sie brav, und wir verziehen ihnen, wie sich das für gute Christen gehört.

Schließlich waren sie ja Untermenschen gewesen, und wir brachten ihnen jetzt bei, Menschen zu sein, und sie lernten sehr rasch.

Die Jahre gingen dahin.

Ich war siebzehn und dann achtzehn, und ich begann, japanische Haikus aus dem siebzehnten Jahrhundert zu lesen. Ich las Basho und Issa. Mir gefiel, was sie mit der Sprache machten, wie sie Gefühl, Detail und Bild konzentrierten, bis sie eine Form hatten, die wir Tautropfen aus Stahl war.

Ich sah, daß die Japaner keine Untermenschen waren, sondern daß sie schon Jahrhunderte, bevor sie an jenem 7. Dezember mit uns zusammenstießen, zu Gefühlen und Mitleid fähige zivilisierte Menschen waren.

Der Krieg wurde für mich noch einmal zu einer wichtigen Sache.

Ich verstand allmählich, was vorgefallen war.

Ich begann die Mechanik des Kriegs zu verstehen: daß Vernunft und Logik ausgeschaltet werden, wenn der Krieg beginnt, und daß Wahnsinn und Unlogik herrschen, solange er anhält.

Ich schaute mir japanische Gemälde und Schriftrollen an.

Ich war sehr beeindruckt.

Mir gefiel die Art, wie sie Vögel malten, weil ich Vögel mochte, und dann war ich schließlich nicht mehr ein Kind des II. Weltkriegs, das die Japaner haßte und seinen Onkel gerächt sehen wollte.

Ich ging nach San Francisco und hatte Umgang mit Leuten, die sich mit Zen-Buddhismus beschäftigten und sehr davon beeinflußt waren. Ich habe den Buddhismus langsam durch Osmose kennengelernt, indem ich beobachtete, wie meine Freunde lebten.

Ich bin kein religiöser Dialektiker. Ich habe mich sehr wenig mit Philosophie beschäftigt.

Ich beobachtete, wie meine Freunde ihr Leben einrichteten, wie sie wohnten und wie sie mit sich selber umgingen. Ich habe den Buddhismus kennengelernt so wie Indianerkinder etwas über die Welt lernten, bevor der weiße Mann nach Amerika kam. Sie lernten durch Beobachtung.

Ich habe den Buddhismus durch Beobachtung kennengelernt.

Und ich habe japanisches Essen und japanische Filme zu schätzen gelernt. Ich habe über fünfhundert japanische Filme gesehen. Ich habe gelernt, Untertitel so schnell zu lesen, daß es mir schon so vorkommt, als ob die Schauspieler in den Filmen Englisch sprächen.

Ich hatte japanische Freunde.

Ich war nicht mehr der haßerfüllte Junge der Kriegszeit.

Mein Onkel Edward war tot; der Stolz und die Zukunft unserer Familie zerstört in der Blüte seines Lebens. Was sollten wir denn ohne ihn anfangen?

Über eine Million junger Japaner, der Stolz und die Zukunft ihrer Familien, waren auch tot, und dazu noch Hunderttausende von unschuldigen Frauen und Kindern, die bei den Brandbombenangriffen auf Japan und durch die Atombomben von Hiroshima und Nagasaki ums Leben gekommen sind.

Was sollte Japan denn ohne sie anfangen?

Ich wollte, daß nichts von alledem jemals passiert wäre.

Ich las japanische Romane, Tanizaki etc.

Ich wußte, daß ich eines Tages nach Japan gehen müßte. Der japanische Teil meines Lebens lag noch vor mir. Meine Bücher waren ins Japanische übersetzt worden, und die Reaktionen waren sehr klug und intelligent. Sie gaben mir Auftrieb und machten mir Mut, meine einsame Fährte weiter zu verfolgen wie ein Wolf, der geräuschlos durch die Wälder streift.

Ich reise nicht gerne.

Japan ist weit entfernt.

Aber ich wußte, daß ich eines Tages hingehen müßte. Japan war wie ein Magnet, der meine Seele an einen Ort zog, an dem sie noch nie gewesen war.

Eines Tages stieg ich in ein Flugzeug und flog über den Pazifischen Ozean. Diese Gedichte hier sind das, was sich ereignete, nachdem ich aus dem Flugzeug gestiegen war und den Boden Japans betreten hatte. Die Gedichte sind datiert und bilden eine Art Tagebuch.

Sie sind anders als andere Gedichte, die ich geschrieben habe. Wenigstens glaube ich, daß sie anders sind, aber ich bin wahrscheinlich der Letzte auf der Welt, der das entscheiden kann. Sie sind von sehr unterschiedlicher Qualität, aber ich habe sie trotzdem alle drucken lassen, weil sie ein Tagebuch sind, das meine Gefühle und Stimmungen in Japan ausdrückt, und weil die Qualität dessen, was wir erleben, auch oft sehr unterschiedlich ist.

Sie sind meinem Onkel Edward gewidmet.

Sie sind allen japanischen Onkel Edwards gewidmet, denen zwischen dem 7. Dezember 1941 und dem 14. August 1945, als der Krieg zu Ende ging, das Leben genommen wurde.

Das war vor einunddreißig Jahren.

Fast ein Dritteljahrhundert ist seither vergangen.

Der Krieg ist vorbei.

Mögen die Toten in ewigem Frieden ruhen und unsere Ankunft erwarten.

*Pine Creek, Montana*
*6. August 1976*

## Kitty-Hawk-Kimonos*

Ich schau mir japanisches Fernsehen an,
zwei junge Frauen in Kimonos
stehen neben einem Doppeldecker.
    Ganz richtig:
    neben einem uralten Flugzeug.

Ein Mann unterviewt sie.
Sie unterhalten sich sehr angeregt
und ausgelassen miteinander.

Ich würde gern Japanisch können,
weil ich jetzt nie erfahre, warum
    sie neben einem Doppel-
    decker stehen,

aber in meinem Kopf stehen sie
für immer so da, glückliche Pilotinnen,
    die in ihren Kimonos
    auf den Abflug warten.

*Tokio*
*13. Mai 1976*

* *Kitty Hawk:* Ort in North Carolina, in dem am 17. Dezember 1903 die beiden Brüder Orville & Wilbur Wright die ersten gesteuerten Motorflüge in ihrem selbstgebauten *Flyer I* unternahmen.
*Kitty Hawk* ist auch der Name eines Flugzeugträgers der Forrestal-Klasse ... 59 500 Tonnen, 90 Flugzeuge, 8 Stück 12,7-cm-Schnellfeuergeschütze undsoweiter, aber hier ist natürlich von den Brüdern Wright die Rede. (Der Übersetzer)

## Krähen

Heute früh hab ich mich gefragt,
wann ich wohl meinen ersten Vogel
    in Japan sehen würde.
Ich hatte grade mit mir selber
auf einen Spatzen gewettet, als ich
    einen Hahn
    krähen hörte
hier, in einem Hinterhof im Shibuya Distrikt
    in Tokio
und damit war dieses Problem erledigt.

*Tokio*
*14. Mai 1976*

## Japanische Kinder

Ich habe mir gerade die letzte halbe Stunde
am Fernsehen eine japanische Kindersendung
angesehen.
Es gibt Millionen von uns hier in Tokio.
Wir wissen schon, was wir mögen.

*Tokio*
*14. Mai 1976*

## Katze in Shinjuku

Eine braune Katze liegt
vor einem chinesischen Restaurant
in einer sehr schmalen Gasse
in Shinjuku.*

Im Fenster des Restaurants stehen
lauter Schaufenstermodelle aus Plastik,
chinesisches Essen, das richtig
lecker aussieht.

Die Nachmittagssonne ist angenehm
warm. Die Katze
genießt den Sonnenschein.

Leute gehen vorbei, ganz dicht an der Katze,
aber die Katze zeigt überhaupt keine Angst.
Sie rührt sich nicht.
Ich finde das ungewöhnlich.
Die Katze fühlt sich wohl
da draußen vor chinesischem
Plastikessen, während richtiges Essen
gleich drinnen hinter der Tür wartet.

*Tokio*
*Mitte Mai 1976*

* Ein großer Stadtteil in Tokio.

**Der Hillary-Expreß**

Ich habe mir gerade mein erstes Essen
    Curry und Reis
ganz allein in einem japanischen Lokal bestellt.
    Was für ein Triumph!
Ich fühle mich wie ein Kind, das seinen
    ersten, unsicheren Schritt macht.

    Paß nur auf, Mount Everest!

*Tokio*
*16. Mai 1976*

## Drachen

Eine Seitenstraße um vier Uhr an einem
verregneten Sonntagnachmittag. In Ginza
    ist alles zu.

Tausende von schlafenden Bars,
ihre Reklameschilder wie leuchtend
    bunte Drachen.

Aufgewickelte enge Straßen
und Gassen sind die Schnüre.

ruhig
nur ein paar Menschen
kein Wind

*Tokio*
*16. Mai 1976*

## Japanisches Fotomodell

Groß, schlank
ganz in Schwarz
makelloses Gesicht
ägyptisch

Sie ist der Schatten
eines anderen Planeten
fotografiert
in einem völlig weißen Raum

Ihr Gesicht bleibt unbewegt
ihr Pagenkopf
wirkt wie aus schwarzer
chirurgischer Jade geschnitten

Ihre Lippen sind so rot
daß Blut sich daneben
fade ausnimmt, ein
matter Zeitvertreib.

*Tokio*
*Mai 1976*

**Liebesgeschichte**

Ich habe gerade fünfzehn Sekunden lang
eine japanische Fliege angeschaut:
meine erste.

Es war ein Männchen, und
er saß auf einem roten Ziegelstein
auf der Mitsui Building Plaza
und genoß die Sonne.

Es war ihm gleich, daß ich ihn anschaute.
Er putzte sich das Gesicht. Vielleicht hatte er
eine Verabredung zum Essen
mit einer schönen Fliegendame, seiner
Zukünftigen, oder vielleicht ist es
einfach nur eine gute Freundin,
mit der er gleich hernach
auf der Mitsui Plaza
zu Mittag speisen will.

*Tokio*
*17. oder 18. Mai 1976*

**Pachinko Samurai**

Ich fühl mich wunderbar, ausgelassen, wie ein
Kind, vollkommen.

Ich habe gerade zwei Dosen Krabben* gewonnen
und eine Lokomotive**

Was kann man sich denn sonst wünschen am 18. Mai
1976 in Tokio?

Ich habe Pachinko gespielt
/ eine Art Flipper /
Meine Klinge war scharf.

* echt
** Spielzeug

## Japan

Japan beginnt und endet
mit Japan.

Niemand sonst kennt die
Geschichte.

. . . japanischer Staub
in der Milchstraße.

*Tokio*
*18. Mai 1976*

## Hommage für den japanischen Haikudichter Issa

Betrunken in einer japanischen
Bar
Ich
bin
OK

*Tokio*
*18. Mai 1976*

## Träume sind wie der [der]

Träume sind wie der [der]
Wind. Sie wehen vorbei. Die
kleineren sind Brisen,
aber sie gehen auch vorbei.

*Tokio*
*20. oder 26. Mai 1976*

**Erdebeerenhaiku**

. . . . .

. . . . . . .

Zwölf rote Beeren

*Tokio*
*22. Mai 1976*

## Eine Kriminalgeschichte oder Dashiell Hammett à la mode

Immer wenn ich hier in Tokio
    aus meinem Hotelzimmer gehe
mache ich vier Dinge:
    Ich prüfe, ob ich meinen Paß habe
    mein Notizbuch
    einen Stift
    und mein englisch-
    japanisches Wörterbuch.

Der Rest des Lebens ist völlig mysteriös.

*Tokio*
*26. Mai 1976*

## Eine kurze Studie über Vorbei

Wenn die Träume wach werden
    endet das Leben.
Dann sind die Träume vorbei.
    Das Leben ist vorbei.

*Tokio*
*26. Mai 1976*

**Die 12 000 000**

Ich bin deprimiert,
gequält von einer Melancholie,
die sich nirgendwo spiegelt
    und keinen Schatten wirft.
12 000 000 Menschen leben hier in Tokio.
Ich weiß, ich bin nicht allein.
Es muß noch andere geben,
denen es so geht.
    wie mir.

*Tokio*
*26. Mai 1976, 1 Uhr mittags*

**Schuhe, Fahrrad**

Ich höre der japanischen Nacht zu,
das Fenster ist geschlossen, der Vorhang zu,
ich glaube, draußen regnet es.
Das ist tröstlich. Ich mag den Regen.
Ich bin in einer Stadt, in der ich noch nie war:
    Tokio.
Ich glaube, es regnet. Dann höre ich, wie ein
    Sturm aufkommt.
    Ich bin ein bißchen betrunken:

    Leute kommen auf der Straße vorbei,
    ein Fahrrad.

*Tokio*
*26. Mai 1976*

## Ein Traktat über Straßen

Alle Möglichkeiten des Lebens,
alle Straßen haben hierher geführt.

Ich bin nie woanders hingegangen,
    41 Jahre meines Lebens:

    Tacoma, Washington
    Great Falls, Montana
    Oaxaca, Mexiko
    London, England
    Bee Caves, Texas
    Victoria, Britisch-Kolumbien
    Key West, Florida
    San Francisco, Kalifornien
    Boulder, Colorado

    alle haben hierher geführt:

Ich trinke allein in einer Bar
in Tokio noch einen Schluck vor dem
    Mittagessen,
und ich möchte, ich hätte jemanden, mit dem ich
    reden könnte.

*Tokio*
*28. Mai 1976*

**Dahintreibende Kronleuchter**

Sand ist kristallin
wie die Seele.
Der Wind treibt
    ihn mit sich.

*Tokio*
*28. Mai 1976*

**Frauen in Japan**

Wenn es in Japan überhaupt unattraktive
  Frauen gibt,
dann werden sie wohl schon bei der Geburt
  ertränkt.

*Tokio*
*28. Mai 1976*

**Taxifahrer sehen anders aus als auf ihren Fotografien**

Es gibt keinen Unterschied
zwischen Tokio und New York.
Die Männer hier sehen nicht aus
wie ihre Fotografien.
Ich täusche mich nicht im
geringsten. Es sind Fremde, die hier
die Taxis fahren.

*Tokio*
*28. Mai 1976*

**Nachts eine Sonnenbrille in Japan**

Eine Japanerin
    Alter: 28

sieht die Dunkelheit
    mit Augen

die Licht sehen sollten
    in der Nacht.

*Tokio*
*30. Mai 1976*

## Japanisches Popkonzert

Vergiß *nie, nie*
die Blumen,
die nicht angenommen wurden,
verhöhnt wurden.

Ein sehr schüchternes Mädchen gibt dem
angehenden Popstar einen schönen,
einen wunderschönen
Blumenstrauß

zwischen zwei Liedern. Wieviel Mut
sie gebraucht hat, zur Bühne
hinauszugehen und ihm die Blumen zu
geben.

Er legt sie wie Unrat
auf den Boden. Da liegen sie jetzt.
Sie geht zu ihrem Platz und schaut
zu ihren Blumen hinaus.
Dann hält sie es nicht mehr aus.

Sie flüchtet.
Sie ist weg
aber die Musik geht weiter.

Ich versprech es.
Versprich du es auch

*Tokio*
*31. Mai 1976*

## Zukunft

Ach ja, der 1. Juni 1976
        12:01

Und alle, die leben
wenn wir schon tot sind

In diesem Augenblick
haben wir gewußt
        daß wir da sind.

*Tokio*
*1. Juni 1976, 12:01*

**Reden**

Ich bin der einzige Amerikaner in dieser Bar.
Alle anderen sind Japaner.
        (verständlicherweise/Tokio)

Ich spreche englisch.
Sie sprechen japanisch.
        (natürlich)

Sie versuchen es auf englisch. Es ist schwer.
Ich kann kein Japanisch. Ich kann nicht helfen.
Wir reden eine Zeitlang, geben uns Mühe.

Dann reden sie zehn Minuten lang
        ausschließlich japanisch.
Sie lachen. Sie sind ernst.
Sie machen Pausen zwischen den Wörtern.

Ich bin wieder allein. Ich kenn das schon.
Das ist in Japan so, in Amerika, überall
wenn man nicht versteht, worüber
        der andere redet.

*Tokio*
*1. Juni 1976*

**Kettensäge**

Eine wunderschöne Japanerin
/Alter 42

die Energie, die den Frühling
vom Sommer trennt

(das hängt vom Juni ab)
vom 20. oder 21.
– so sagt man wenigstens –

Sie singt, und ihre Stimme klingt
wie eine cherubinische Kettensäge
die durch Honig schneidet.

*Tokio*
*1. Juni 1976*

**Day for Night**
**(Die amerikanische Nacht)**

Das Taxi bringt mich heim
durch die Morgendämmerung in Tokio.
Ich war die ganze Nacht lang wach.
Ich werde schon schlafen, wenn die Sonne
aufgeht.
Ich werde den ganzen Tag schlafen.
Das Taxi ist mein Kissen,
die Straßen sind Decken,
die Dämmerung mein Bett.
Das Taxi stützt meinen Kopf.
Ich bin zu Träumen unterwegs.

*Tokio*
*1. Juni 1976*

**Die Notwendigkeit von Kobalt**

Da ist nichts zu machen.
Wenn man Kobalt braucht
und keines kriegt,
        ist alles andere
            sinnlos.

*Tokio*
*2. Juni 1976*

**Immobilien**

Ich habe Gefühle
die sind wie Zeitungen, die sich
selber lesen.

Ich komme oft tagelang nicht
aus dem Inseratenteil heraus.

Ich komme mir vor, als wäre ich ein Inserat
in dem ein Geisterhaus angeboten wird:

18 Zimmer
und für
$ 37 000
gehöre ich
Ihnen, Geister
und alles inclusive.

*Tokio*
*2. Juni 1976*

## Die Alpen

Ein Wort

warten . . .

führt zu einer
Lawine
aus anderen Wörtern

wenn man

wartet . . .

auf eine Frau

*Tokio*
*2. Juni 1976*

## Japan, die Frösche abgezogen

Für Guy de la Valdene

Beim Blättern
in meinem englisch-japanischen Wörterbuch
kann ich das Wort Frosch nicht finden.
Es ist nicht da.
Heißt das, daß Japan keine Frösche hat?

*Tokio*
*4. Juni 1976*

**Im Aufzug auf der Fahrt nach unten**

Ein Angehöriger der weißen Rasse
steigt im 17. Stockwerk zu.
Er ist alt und dick, und teuer
angezogen.

Ich sage Hallo/Ich bin freundlich.
Er sagt: »Hi.«

Dann inspiziert er
meine Kleider.

Ich bin nicht teuer angezogen.
Ich glaube, sein linker Schuh
hat mehr gekostet
als alles, was ich anhabe.

Er will nicht mehr mit mir
reden.

Ich glaube, ihm ist nicht ganz klar,
daß es wirklich abwärts geht
und daß es keine Kleider mehr gibt,
wenn man schon ein paar tausend Jahre tot ist.

Während wir schweigend nach unten fahren
und im Erdgeschoß aussteigen,
denkt er,
daß wir getrennte Wege
gehen.

*Tokio*
*4. Juni 1976*

**Eine junge Japanerin, in einer teuren und schicken Cocktail-Lounge am Flügel sitzend**

Alles glänzt wie schwarze Jade:

Der Flügel (erfand
Ihr langes Haar (streng
Ihr deutliches Desinteresse (an der Musik,
die sie spielt.

Ihre Gedanken, weit weit von ihren Fingern,
sind eine Million Meilen entfernt und glänzen

wie schwarze
Jade

*Tokio*
*4. Juni 1976*

## Ein kleines Boot auf der langen Fahrt der Archäologie

Ein warmes Gewitter mit Blitz und Donner
viel Regen und Regenschirmen in Tokio
    um zehn Uhr nachts
Das ist jetzt nur ein kleines Detail
aber in einer Million Jahren
könnte es sehr wichtig werden, wenn Archäologen
unsere Ruinen durchstöbern und versuchen
    aus uns schlau zu werden.

*Tokio*
*5. Juni 1976*

**Amerikanische Bar in Tokio**

Ich bin hier in einer Bar mit lauter
jungen konservativen versnobten
Amerikanern.
Sie trinken und versuchen Japanerinnen
aufzureißen
die mit Männern wie ihnen schlafen
wollen.
Es ist sehr schwer, hier irgendwas
Poetisches zu finden
wie das Gedicht hier bezeugt.

*Tokio*
*5. Juni 1976*

## Ego-Orgie in einer Regennacht in Tokio und niemand, mit dem man schlafen könnte

*Der Mond und die Siebensterne*
*sind untergegangen. Mitter-*
*nacht ist und die Zeit vorüber.*
*Ich aber, ich liege einsam.*

*Sappho**

Meine Bücher sind übersetzt worden
ins
Norwegische, Französische, Dänische, Rumänische,
Spanische, Japanische, Holländische, Schwedische,
Italienische, Deutsche, Finnische, Hebräische
und sie werden in England verlegt

aber

ich werde heute nacht in Tokio alleine schlafen,
und es regnet.

*Tokio*
*5. Juni 1976*

* Die hier abgedruckte Fassung von Sapphos oft übersetztem Gedicht ist Emil Staigers Auswahl (Verlag Die Arche, Zürich 1957) entnommen. Die deutschen Fassungen weichen in einem wichtigen Punkt von der englischen Fassung ab, die Richard Brautigan benutzt hat:

*The night is now*
*half-gone; youth*
*goes; I am*

*in bed alone*

Max Treu meint in seiner Sappho-Ausgabe zu dieser *youth/goes*-Stelle einigermaßen borniert: »›Jugendblüte‹ (Lavagnini) paßt hier auch nicht: warum sollte die gerade nach Mitternacht schwinden?«
Der Übersetzer möchte sich hier nicht in die Debatten der Altphilologen einmischen, aber es erscheint vielleicht nur Philologen unlogisch, daß jemand, der um Mitternacht einsam im Bett liegt, an das Verrinnen der Zeit denkt, an das Verschwinden der Jugend und an all die anderen Dinge, die nicht nur beim Übersetzen Probleme machen. (der Übersetzer).

**Würmer**

Verglichen mit den Entfernungen der Einsamkeit
ist die vierte Dimension
wie drei hungrige Krähen,
die in einer Hungersnot einen Wurm anstarren.

*Tokio*
*6. Juni 1976*

**Gebrauchsanweisung für eine langweilige Nacht in einem Hotel in Tokio**

1. Iß alleine zu Abend.
   das ist immer sehr anregend.

2. Lauf ziellos im Hotel herum.
   Das Hotel hier ist riesig; jede Menge Platz,
   um ziellos herumzulaufen.

3. Fahr ohne Ziel und Zweck mit dem Lift
   auf und ab.
   Die Leute, die nach oben fahren, gehen zu ihren
   Zimmern.
   Ich nicht.
   Die nach unten fahren, gehen aus.
   Ich nicht.

4. Ich überlege ernsthaft, mein Zimmer 3003
   übers Haustelefon anzurufen und es sehr lange
   klingeln zu lassen. Und dann frage ich, wo
   ich wohl bin und wann ich zurückkomme. Soll ich
   an der Rezeption eine Nachricht hinterlassen,
   daß ich mich anrufen soll,
   wenn ich zurückkomme?

*Tokio*
*6. Juni 1976*

**Auf der Autobahn von Tokio nach Osaka**

Ich schaue bei 100 Stunden-
kilometern (62 Meilen)
        aus dem Autofenster
und sehe einen Mann,
der sehr vorsichtig einen schmalen
Weg zwischen Reisfeldern
        entlangradelt.
Nach ein paar Sekunden ist er weg.
Ich habe jetzt nur die Erinnerung an ihn.
Er ist in meinem Kopf zu einer 62-Stunden-
kilometer-Pausezeichnung geworden.

*Hamamatsu*
*7. Juni 1976*

## Nach einer Aufführung der Theatergruppe Black Tent am Ufer des Nagaras

Die Schauspielerinnen ohne ihr Make-up,
ihre Kostüme, ihre Rollen
gehören jetzt wieder zu den Sterblichen.
Ich schaue ihnen zu, wie sie
schweigend in einem kleinen Gasthaus essen.
Sie haben keine Illusionen, sind fast so schlicht
    wie Heilige,
    vollendet im Augenblick
    der Rückverwandlung.

*Gifu*
*7. Juni 1976*

**Fragment # 1**

Reden ist Reden
wenn du *(das nächste Wort ist unlesbar,*
*im Suff hingekritzelt)*

mehr redest.

*Tokio*
*Vielleicht an einem Tag Anfang Juni*

**Lazarus im Bullet Train**

*– für Tagawa Tadasu*

*Der Bullet Train ist der berühmte japanische Schnellzug, der 190 Stundenkilometer fahren kann. Lazarus ist ein bewährter Nothelfer.*

Du hast dir auf der Fahrt von Nagoya im Bullet Train
die Tiraden eines betrunkenen amerikanischen Schrift-
stellers angehört, als ich dir die Schuld an allem gab,
was auf der Welt danebengeht, auch an der grotesken
Geschichte, die in Gifu passiert ist, während
du geschlafen hast.

Du hast mir nichts getan, natürlich, du warst nur
freundlich zu mir. Zwischendrin sagte ich, daß ich jetzt
tot sei, von diesem Augenblick an tot.
Ich nahm deine Hand und legte sie auf meine Hand.
Ich sagte dir, daß mein Fleisch jetzt kalt sei:
tot (für dich).

Du hast schweigend genickt, die Augen voll
Trauer. Ich habe dir sogar verboten, je wieder
eins meiner Bücher zu lesen, weil ich wußte, wie sehr
du sie magst, und du hast wieder genickt
und wieder nichts gesagt. Die Trauer in deinen Augen
hat gesagt, was es zu sagen gab.

Der Bullet Train fuhr mit 190 Stundenkilometern
nach Tokio zurück, während ich dich mit meinen
Tiraden bombardierte.

Du hast kein Wort gesagt.
Deine Trauer hat den Bullet Train
mit zweihundert neuen Fahrgästen gefüllt.
Sie lasen alle in Zeitungen,
die nicht mit Wörtern bedruckt waren,
sondern nur mit den getrockneten Tränen der Toten.

Als der Zug in den Bahnhof Tokio einfuhr,
hatte sich mein Zorn allmählich gelegt
und war auf dem Weg ins Vergessen.
Ich nahm deine Hand und legte sie wieder auf meine.
»Jetzt bin ich (für dich) wieder am Leben«,
sagte ich. »Es ist wieder Wärme
in meinem Fleisch.«

Du hast wieder schweigend genickt
und kein Wort gesagt.
Die zweihundert neuen Fahrgäste
blieben im Zug,
obwohl die Endstation erreicht war.
Da werden sie für immer bleiben, für immer
hin und her fahren, bis sie zu Staub geworden sind.
Wir stiegen aus dem Zug, betraten das morgendliche
Tokio und waren wieder Freunde.

Ja, ich danke dir, Tagawa Tadasu,
ich danke dir, daß du meinen Tod mit mir
geteilt hast, ihn verstanden hast, meinen Tod
und die Rückkehr von den Toten
im Bullet Train zwischen Nagoya
und Tokio am Morgen des 8. Juni 1976.

Am Abend habe ich dich
angerufen. Deine ersten
Worte waren: »Gehts dir gut?«
»Ja, es geht mir gut.«

*Tokio*
*9. Juni 1976*

**Krankenhausbesuch bei einer Freundin**

Ich habe gerade Kazuko im Krankenhaus besucht.
Sie wirkte müde. Sie ist vor sechs Tagen
operiert worden.
Sie aß ihr Essen langsam, mit großer Mühe.
Es war traurig, ihr dabei zuzuschauen. Sie war sehr
müde. Wenn ich ihr doch bloß die Plage des Essens
hätte abnehmen können, und sie hätte einfach so
die Nährstoffe und alles bekommen.

*Tokio*
*9. Juni 1976*

## Ewiger Jet-lag

Bevor ich nach Japan geflogen bin,
habe ich mir Sorgen wegen des Jet-lags gemacht.

»Mein« Flugzeug startete
in San Francisco um 1 Uhr nachmittags
    am Mittwoch
und 10 Stunden und 45 Minuten später
würde es um 4 Uhr am Nachmittag
    des folgenden Tages landen:
    Donnerstag.

Ich habe mir deswegen Sorgen gemacht,
und dabei ganz vergessen, daß ich
– weil ich schwer unter Schlaflosigkeit leide –
    einen ewigen Jet-lag habe.

*Tokio*
*9. Juni 1976*

## Der Amerikaner mit einer kaputten Uhr in Tokio

*für Shiina Takako*

Die Leute starren mich an –
Es sind Millionen von ihnen.
Warum geht dieser komische Amerikaner
denn jetzt in der Nacht durch die Straßen
    und hält eine kaputte Uhr
        in der Hand?
Ist er echt, oder ist er bloß eine Illusion?
Wie die Uhr kaputtging, ist nicht wichtig.
    Uhren gehen kaputt.
    Alles geht kaputt.
Die Leute starren mich an und die kaputte Uhr,
    die ich wie einen Traum

    in der Hand halte.

*Tokio*
*10. Juni 1976*

## Der amerikanische Narr

Vor ein paar Wochen unterhielt sich ein etwas älterer
Taxifahrer mit mir auf englisch. Sein Englisch
war sehr gut.
Ich fragte ihn, ob er schon einmal in Amerika war.
Mit der einen Hand, die uns nicht durch die Straßen
Tokios
lenkte, machte er wortlos eine wehmütige Geste
und sein Gesicht
sah plötzlich sehr traurig aus.
Die Geste bedeutete, daß er ein armer Mann war,
der es sich nie leisten könnte, nach Amerika zu gehen.
Wir haben danach nicht mehr viel geredet.

*Tokio*
*11. Juni 1976*

## Der Amerikaner trägt nochmal eine kaputte Uhr durch Tokio

*– für Shiina Takako*

Es ist erstaunlich, wieviel Leute
man kennenlernt, wenn man eine kaputte
Uhr in Tokio herumträgt.

Heute habe ich die kaputte Uhr wieder
herumgetragen, weil ich wieder
genau die gleiche haben wollte.
Sie war nicht mehr zu reparieren.

Alle möglichen Leute, wildfremde Leute
interessierten sich für die Uhr. Sie kamen auf mich zu
und erkundigten sich nach der Uhr, auf japanisch
natürlich
und ich nickte: Ja, ich habe eine kaputte Uhr.

Ich ging in ein Restaurant, und die Leute versammelten
sich um mich. Ich kann das nur empfehlen: tragen Sie
immer eine kaputte Uhr herum, wenn Sie neue
Bekanntschaften schließen wollen, Ich glaube, das
funktioniert überall auf der Welt.

Wenn Sie nach Island gehen
und Leute kennenlernen wollten,
nehmen Sie eine kaputte Uhr mit.
Die Leute werden kommen wie die Fliegen.

*Tokio*
*11. Juni 1976*

## Der Nagara, der Yellowstone

Im Nagara bei Gifu kommen die Fische im Sommer
früh am Abend nach oben. Ich bin wieder in Tokio.
Ich werde nie im Nagara fischen. Die Fische
werden da ewig und immer wieder nach oben
kommen, aber der Yellowstone River
im Süden von Livingston, Montana, das ist eine andere
Geschichte.

*Tokio*
*11. Juni 1976*

**Gedichteschreiben an öffentlichen Orten, Cafés, Bars etc.**

Allein an einem Ort voller Fremder
singe ich, als wäre ich mitten
    in einem himmlischen Chor

    – meine Zunge eine Wolke aus Honig –

Manchmal glaub ich, ich bin ein bißchen
    schräg.

*Tokio*
*11. Juni 1976*

## Kassiererin

Die junge japanische Kassiererin,
die mich nicht mag
ich weiß nicht warum
ich habe ihr nichts getan, außer daß ich existiere
addiert auf ihre Maschine fast mit Licht-
geschwindigkeit alles zusammen –

*klickklickklickklickklickklickklickklick*
addiert sie ihre Abneigung
gegen mich.

*Tokio*
*11. Juni 1976*

**Tokio/11. Juni 1976**

Ich habe die fünf Gedichte
die ich heute geschrieben habe
        in einem Notizbuch
in derselben Tasche, in der
mein Paß steckt. Sie
sind ein und dasselbe.

## Meji-Komiker

*– für Shiina Takako*

*Der Meji-Schrein ist der berühmteste Schrein Japans. Kaiser Meji und seine Gemahlin Kaiserin Shôken liegen hier begraben. Die Gärten, Museen und Stadien erstrecken sich über eine Fläche von 71 Hektar.*

Der Meji-Schrein war geschlossen.
Wir schlichen uns in der Stunde vor Tages-
anbruch hinein. Wir waren betrunken wie Komiker,
kletterten über Steinmauern und fielen drüben hinunter.
Wir boten ein lustiges Schauspiel.
Zum Glück wurden wir nicht von der Polizei entdeckt
und verhaftet.
Es war schön, und wir torkelten zwischen den Bäumen
und Sträuchern herum, bis es hell wurde.
Wir waren sehr ausgelassen und dann
lagen wir ausgestreckt auf einer kleinen Wiese,
deren Gras ein angenehmes grünes Kissen
für unsere Körper war.
Ich legte die Hand auf ihre Brust und küßte sie
auf den Mund. Sie küßte mich auch, und mehr
machten wir nicht. Wir trieben es nicht weiter, aber
es war herrlich im frühen Licht des Meji-Schreins
und Kaiser Meji
und seine Gemahlin Kaiserin Shôken
waren irgendwo in unserer Nähe.

*Tokio*
*12. Juni 1976*

**Meji-Schuhe/Größe 46**

*– für Shiina Takako*

Ich bin mitten am Nachmittag aufgewacht, alleine,
unsere Zärtlichkeiten haben nicht ins Bett geführt
und das war wohl auch gut so.

Neben dem Bett standen meine Schuhe, voller Meji-
matsch. Ich schaute sie an und fühlte mich wohl.
Es ist schon seltsam, was der Anblick von
getrocknetem Matsch
im Kopf alles anrichten kann.

*Tokio*
*12. Juni 1976*

## Anfangen

Anfangen, nur ein einziges Wort

*anfangen (st.V.;hat) 1.a) etw. in Angriff nehmen,*
*mit etw. beginnen:*

mit dem man aufhört.

*Tokio*
*12. Juni 1976*

**Wohin des Wegs?**

Manchmal hole ich meinen Paß heraus,
sehe mir mein Foto an
    (nicht sehr gut etc.)

    bloß um zu sehen,
    ob ich existiere

*Tokio*
*12. Juni 1976*

**Tokio/13. Juni 1976**

Ich habe jetzt noch sechzehn Tage in Japan.
Ich fliege am 29sten über den Pazifik zurück.
Fünf Tage darauf bin ich dann in Montana,
sitze als Zuschauer beim Livingston
    Roundup

am 4. Juli auf der Tribüne
    der Park County Fairgrounds
    feuere die Cowboys an,

    und Japan ist verschunden.

**Das Flugzeug**

Eins
der unangenehmen Dinge am Hotelleben
sind die dünnen Wände. Sie sind ein Problem,
das nicht verschwindet. Ich habe heute nachmittag
versucht, ein bißchen Schlaf zu finden, aber die Leute
im Nebenzimmer benutzten die Gelegenheit, um sich
das Hirn aus dem Kopf zu vögeln.
Ihr Bett klang wie ein altes Flugzeug,
das vor dem Start warmläuft,
Ich lag ein paar Schritt entfernt, und versuchte
ein bißchen Schlaf zu finden, während ihr Bett die
Startbahn hinunterrollte.

*Tokio*
*14. Juni 1976*

**Orson Welles**

Orson Welles macht Whiskywerbung am japanischen Fernsehen. Es ist komisch, ihm hier in Tokio am Fernsehen zuzuschauen, wie er den Japanern empfiehlt, G & G Nikka Whisky zu kaufen.

Ich bin immer völlig von ihm hingerissen. Letzte Nacht im Traum habe ich bei einem der Werbespots Regie geführt. In dem Spot kamen sechs schwarze Pferde vor.

Die Pferde waren so plaziert, daß die Zuschauer – kaum daß sie Orson Welles und die Tiere sahen – gleich aus dem Haus rannten<br>und G & G Nikka Whisky kauften.

Der Werbespot war nicht leicht zu drehen. Er mußte genau richtig sein. Die Szenen mußten oft wiederholt werden. Mr. Welles war sehr geduldig und voll nachsichtigem Humor.

»Bitte Mr. Welles«, sagte ich. »Rücken Sie ein bißchen näher an die Pferde.«

Er lächelte dann und rückte ein bißchen näher an die Pferde.<br>»Geht es so?«<br>»Ganz prima, Mr. Welles, genau richtig.«

*Tokio*<br>*14. Juni 1976*

## Der rote Sessel

Ich habe heute abend einen dekadenten japanischen
Gruselfilm gesehen. Er ließ jede Art von Dekadenz,
die mir bis jetzt untergekommen ist, so weit hinter sich,
daß ich in ein Kind verwandelt wurde, das zum ersten
Mal erfährt,
daß Schatten nicht immer freundlich sind,
daß es in Häusern manchmal spukt,
daß Menschen manchmal Gedanken aus
Schlangenhaut haben, Gedanken, die sich an die
Unschuld schlafender Babys heranschlängeln.

Der Film spielte in Tokio
kurz vor dem Erdbeben vom 1. September 1923.
In einem japanischen Spukhaus versteckte sich ein
Mann in einem großen Polstersessel, während eine
schöne Frau in exotischen Kleidern es mit anderen
Männern trieb,
die in dem Sessel saßen.
die Männer wußten nicht, daß sich jemand
in dem Sessel versteckte,
Zeuge und Voyeur ihrer Leidenschaft war.
Der Film lief schon ziemlich lange,
bevor mir aufging, daß ein Mann in dem Sessel
steckte.

Der Film ging weiter und weiter von einer Stufe
der Dekadenz zur nächsten wie ein Regenbogen der
Perversion.
Ich kann das nicht alles beschreiben;
Sie würden es kaum glauben.
Der rote Sessel war nur der Anfang.

Zusammen mit hundert Japanern
saß ich starr und wie versteinert da.
Es war als wären wir der Orgasmus
von Spinnen, die es in getrocknetem
    Menschenblut
    miteinander trieben.

*Tokio*
*15. Juni 1976*

## Das Schweigen der Sprache

Ich sitze
hier verlegen und alleine in einer Bar
mit einem sehr intelligenten japanischen
Filmregisseur, der kein Englisch kann,
und ich kein Japanisch.

Wir kennen uns, aber es ist niemand da,
der für uns dolmetschen könnte. Wir haben uns
schon öfter unterhalten. Jetzt tun wir so
als interessierten wir uns für andere Sachen.

Er hört sich mit geschlossenen Augen
Musik vom Plattenspieler an. Ich schreibe
das hier auf. Es ist Zeit zu gehen. Er geht
zuerst.

*Tokio*
*15. Juni 1976*

**Zeit zum Aufstehn**

Ich habe den Wecker auf 9 Uhr gestellt,
aber das war nicht nötig.
das Erdbeben um 7 Uhr 30 hat mich
geweckt.

Ich war mitten in einem Traum,
und plötzlich lag ich da,
spürte, wie das Hotel bebte
und fragte mich, ob Zimmer 3003
bald 30 Stockwerke tiefer
und eine Kreuzung
in Shinjuku wäre.

Das bringt jeden
Wecker zum Rasseln.

*Tokio*
*16. Juni 1976*

**Fragment # 2 / Haben**

Ich fand das Wort *haben* schräg seitlich
    und ganz allein
auf einem Notizbuchblatt.
Ich habe keine Ahnung, warum ich es geschrieben habe
und wozu es letztlich gut sein sollte,
aber ich habe das Wort *haben* sehr sauber geschrieben

    und dann aufgehört

    zu schreiben

*Tokio*
*vielleicht im Juni 1976*

**Ein Blick auf mein Bett / 3 Uhr morgens**

Schlaf ohne Schlaf,
dann wieder schlafen
        ohne
        zu schlafen.

*Tokio*
*17. Juni 1976*

## Taxifahrer

Ich mag diesen Taxifahrer,
der durch die dunklen Straßen Tokios
rast
als hätte das Leben keinen Sinn.
Mir ist genauso zumute.

*Tokio*
*17. Juni 1976, 10 Uhr abends*

## Nur nichts riskieren

Ich bin ein Teil davon. Nein,
ich bin das Ganze, aber es besteht
auch die Möglicheit,
daß ich nur ein Bruchteil davon
    bin.

Ich bin das, was anfängt,
aber keinen Anfang hat.
Außerdem bin ich so durcheinander,
daß mir die Scheiße schon
    zu den Ohren rauskommt.

*Tokio*
*17. Juni 1976*

**Tokio / 24. Juni 1976**

Kann man sich den 24. Juni 1976 vorstellen,
während diese Gedichte hier entstehen?

Ich bin am 30. Januar 1935
in Tacoma, Washington, geboren.

Was kommt als nächstes?
Wenn ich doch nur den 24. Juni 1976
sehen könnte.

*Tokio*
*18. Juni 1976*

## Was die Wirklichkeit wirklich macht

Auf sie warten . . .
Nichts zu tun, außer ein Gedicht zu schreiben.
Sie ist jetzt schon 5 Minuten zu spät.

Ich habe das Gefühl, daß sie mindestens
    15 Minuten zu spät kommen wird.
Es ist jetzt 6 Minuten nach 9
    in Tokio.

    – JETZT genau JETZT –
    klingelt es.

    Sie ist an der Tür:
    6 Minuten nach 9
        in Tokio

    nichts hat sich geändert
    außer daß sie da ist.

*Tokio*
*19. Juni 1976*

**Unerwiderte Liebe**

Bleib zu Hause /
schreib ein mürrisches Gedicht /
geh raus / wenn das Leben
bloß so einfach wäre

*Tokio*
*19. Juni 1976*

## Die Vergangenheit kann nicht zurückgegeben werden

Die Nabelschnur durchtrennt,
unwiderruflich.
Sie spendet kein Leben
mehr.

Unsere Tränen trocknen nie
ganz.

Unser erster Kuß ist jetzt ein Gespenst,
das deinen Mund und meinen verfolgt,
bis alle Erinnerung
verblaßt.

*Tokio*
*19. Juni 1976*
*ein paar Wörter*
*hinzugefügt in Montana am*
*12. Juli 1976*

**Fragment # 3**

*Sprechen ist Sprechen*

Wir wiederholen
was wir sprechen
und dann sprechen wir
noch einmal und dieses
Sprechen ist Sprechen.

*Tokio*
*irgendwann im Juni 1976*

## Zwei Frauen

**/1**

Auf einer Autobahn
in Tokio
sah ich in einem kleinen runden
Spiegel auf der Beifahrerseite
des Wagens vor uns
das Gesicht einer Frau.
Der Wagen hatte einen normalen
Rückspiegel in der Mitte
der Windschutzscheibe.

Ich fragte mich, was der
runde Spiegel da drüben
auf der Beifahrerseite machte.
Das Gesicht der Frau war
in dem Spiegel. Direkt vor
uns. Sie hatte ein schönes
Gesicht, das in einem unwirklichen
Spiegel über eine Autobahn
in Tokio schwebte.

Ihr Gesicht war eine Zeitlang zu sehen
und glitt dann davon, verschwand
für immer im sich ständig verändernden Verkehr.

/2

Sie bewegt sich wie ein Geist.
Sie ist nicht mehr am Leben.
Sie muß Ende sechzig sein.
Sie ist klein und gedrungen
wie ein japanisches Klischee.

Sie kümmert sich um die Halle
des Hotels. Sie leert die
Aschenbecher aus. Sie staubt ab
und wischt auf. Sie bewegt sich
wie ein Geist. Ihr Gesicht hat keinen
        menschlichen Ausdruck.

Vor ein paar Tagen stand ich
neben drei japanischen Geschäftsleuten
in der Toilette beim Pinkeln.
Jeder hatte sein eigenes Urinbecken.
Sie kam herein und fing an, den Toiletten-
boden um uns herum aufzuwischen.
Wir standen da und urinierten
und sie nahm uns überhaupt nicht wahr.
Sie war wirklich ein Geist
und wir waren plötzlich pinkelnde Gespenster
        als sie mit ihrem Wischlappen
                vorbeikam.

*Tokio*
*21. Juni 1976*

**Fragment # 4**

in einem Garten mit
500 bemoosten, flechten-
grünen Buddhas

ein sonniger Tag

diese Buddhas
wissen die Antwort
auf alle fünf-
hundert anderen Buddhas

*Außerhalb Tokio (23. Juni 1976)*
*nicht bearbeitet*
*bis auf das Wort* andere,
*das am 23. Juli 1976*
*in Pine Creek, Montana,*
*eingefügt worden ist.*

**Verbotene Liebe**

Wir haben das Spiel nicht gespielt.
Wir haben uns ganz an die Regeln gehalten,
keine Regelverstöße, keine Strafen.

Das Spiel ist vorbei,
oder ist das jetzt erst
der Anfang?

*Tokio*
*28. Juni 1976*

**Alter: 41**

Spielen und

spielen, ich

glaube ich habe

nie wirklich

aufgehört ein

Kind zu sein

und zu spielen

nie aufgehört

zu spielen

*Tokio*
*28. Juni 1976*

**Zwei Versionen desselben Gedichts**

Liebe / 1

Das Wasser
im Fluß
fließt über
und unter
sich.

Es weiß,
was es tun muß,
es fließt dahin.

## Liebe / 2

Das Wasser
im Fluß
fließt über
und unter
sich.

Es weiß,
was es tun muß,
es fließt dahin.

Das Bett berührt
nie den Grund.

*Tokio*
*28. Juni 1976*

**Stein (echt)**

Ich glaube ich bin nach Texas gezogen:
auf der Landkarte nach Bee Caves.
Die Landkarte hat keine Bedeutung
für dich, du sitzt hier und schaust mir
zu.

*Tokio*
*29. Juni 1976*
*Sehr betrunken*
*und Shiina*
*Takako schaut mir*
*zu*

## Land der aufgehenden Sonne

*sayonara*

Auf dem Flug aus der japanischen Nacht –
wir haben den Flughafen Haneda in Tokio
vor vier Stunden verlassen, um 9:30
am 30. Juni
und jetzt fliegen wir über dem Pazifik
in den Sonnenaufgang, der auf dem Weg
nach Japan ist,
dem Land, das jetzt noch in Dunkelheit liegt,
und die Sonne ist noch Stunden entfernt.
Ich begrüße für meine japanischen Freunde
den Sonnenaufgang des 1. Juli
und wünsche ihnen einen angenehmen Tag.
Die Sonne ist schon auf dem
Weg.

*Wieder 30. Juni*
*über dem Pazifik*
*auf Höhe der internationalen*
*Datumsgrenze, auf dem Weg*
*zurück nach Amerika,*
*während ein Teil meines Herzens*
*in Japan ist*